Conforme à la loi n°49956 du 16 juillet 1949 sur les publications destinées à la jeunesse
ISBN 209 250075-9

N° de projet 10085318 (I)8 CSBS 170° Aout 2001
Impression et reliure : Pollina s.a., 85400 Luçon - n° L84587A

Lulu-Grenadine veut voir le Père Noël

Texte de Laurence Gillot

Images de Lucie Durbiano

NATHAN

Lulu-Grenadine

et son cousin Victor

sont en vacances

chez leurs grands-parents

et ils sont fous de joie

car…

… Demain, c'est Noël !

Ils chantent à tue-tête :

– *Petit papa Noël, quand tu…*

Soudain, Lulu-Grenadine demande :

– Est-ce qu'il reçoit des cadeaux de Noël, le Père Noël ?

– Mystère et boule de gomme ! répond papy en souriant.

– Eh bien, on va lui en préparer ! décide Lulu-Grenadine.

– Dépêchez-vous ! dit mamie, il est bientôt l'heure d'aller dormir.

Sitôt dit, sitôt fait. Lulu-Grenadine et son cousin s'installent devant le sapin et dessinent, colorient...

– Je fais des colliers pour ses rennes ! explique Victor.

– Et moi, je découpe plein d'étoiles pour décorer sa barbe, claironne Lulu-Grenadine.

Ils emballent ensuite leurs bricolages et les déposent devant la cheminée.

– Et maintenant, au lit ! s'écrie mamie.

Mais Lulu-Grenadine n'arrive pas à s'endormir. Elle imagine le Père Noël qui distribue ses cadeaux par milliers.
Elle pense :
« Le pauvre ! Il est tout seul dans la nuit. Comme il doit avoir froid, faim, soif... »

Lulu-Grenadine a une idée. Hop ! elle se lève d'un bond et réveille Victor.

– Viens avec moi à la cuisine ! lui dit-elle.

– On va préparer un goûter au Père Noël ! chuchote Lulu-Grenadine.

– Pourquouâââ ? bâille Victor.

– Pour lui faire plaisir ! répond-elle en disposant des biscuits dans une assiette.

Tout à coup, elle crie :

– Écoute ! J'entends du bruit. C'est lui !

BISCUITS

– Qu'est-ce que vous faites là ? rouspète mamie en chemise de nuit.

– Oh ! C'est toi ! soupire Lulu-Grenadine déçue. Regarde, dit-elle en montrant les petits gâteaux, c'est pour le Père Noël !

Mamie bredouille :

– Vous êtes gentils ! Allez déposer ça devant la cheminée et retournez vous coucher !

– Ah non ! s'exclame Lulu-Grenadine. On veut lui donner nos cadeaux nous-mêmes et on veut l'embrasser.

– Pendant la nuit de Noël, il a trop de travail, explique mamie, il doit se dépêcher.

– Un bisou, ça va vite ! dit Lulu-Grenadine.
– Bon, d'accord, cède mamie. Allez chercher vos couettes et vos oreillers. Vous allez l'attendre allongés sur le canapé du salon.
– Ouais !!!

Victor se rendort aussitôt.

Lulu-Grenadine, elle, garde les yeux grands ouverts. Elle écoute tous les bruits.

Crac !

– Victor ! crie-t-elle, le voilà !

Mais Victor ne se réveille pas.

– Ce n'est que moi ! murmure papy en entrant dans le salon. Il est passé ?

– Non, toujours pas ! dit Lulu-Grenadine.

– Est-ce que je peux rester avec toi ?

– Oh oui !

Papy parle longuement à sa petite-fille :
– Quand j'avais ton âge, chuchote-t-il,
je rêvais de visiter sa fabrique de jouets...
– Moi aussi, j'aim...erais...
bafouille Lulu-Grenadine en s'endormant.

Le lendemain matin, Lulu-Grenadine hurle :

– Il est passé !

Mamie et papy accourent aussitôt.

– Alors, vous l'avez vu ?
demandent-ils en chœur.

– Moi non ! dit Victor.

– Regardez ! s'exclame Lulu-Grenadine,
il a tout mangé et il a pris ses cadeaux !
Oh, et puis, il nous a laissé un mot !

Papy lit :

Chers enfants,
Comme vous êtes mignons
quand vous dormez !
Merci pour les gâteaux,
j'avais faim !
Merci aussi pour vos
surprises. Je suis rigolo
avec ma barbe pleine
d'étoiles et mes rennes sont
très coquets avec leurs
nouveaux colliers !
J'espère que mes jouets
vous feront plaisir.
Bisous. Père Noël

– Il est vraiment chouette, le Père Noël ! s'écrie Lulu-Grenadine en se précipitant sur ses cadeaux. L'année prochaine, je boirai du café comme papa, pour ne pas m'endormir. Comme ça, je le verrai !

Dans la même collection

Arnaud Alméras

Mister Mizter, agent secret
images de Clément Oubrerie

Hubert Ben Kemoun

Pipi, les dents, au lit !
images d'Anaïs Massini

Agnès Bertron

Petit Martin et son Papa
images de Laurence de Kemmeter

Clotilde Bernos

Je veux un lion !
images de Jean-François Martin

Françoise Bobe

Le doudou de Siyabou
images de Claire Le Grand

Coline et le loup sous le lit
images de Charlotte Roederer

Elsa Devernois

À la poubelle, bébé Louis !
images de Magali Bardos

François David

La marchande de sable
images de Quentin Van Gijsel

Laurence Gillot

Patience, Prinçounet !
images de Dominique corbasson

La bise du renne
images de Lucie Durbiano

Lulu Grenadine ne veut plus sucer son pouce

images de Lucie Durbiano

Lulu Grenadine est mal lunée
images de Lucie Durbiano

René Gouichoux

Quand j'étais seul dans mon terrier
images de Céline Guyot

Girafon et Girafette
images de Delphine Renon

La chasse à la carotte
images de Jean-François Martin

On dirait une sorcière !
images de Xavier Frehring

Roi Canard et Vieux Crocodile
images de Thomas Bass

Odile Hellmann-Hurpoil

Ohé ! capitaine Olivier !
images de françois avril

La fée Sidonie a des soucis
images de Charlotte Roederer

Rendez-moi mon chien !
images de Marcelino Truong

Dans la même collection

Jo Hoestlandt

La boîte à bisous
images de Clémentine Collinet

Fanny Joly

Quel cadeau pour le Père Noël ?
images de martin jarrie

Geneviève Laurencin

Un éléphant, c'est épatant !
images de hervé blondon

Thierry Lenain

Je ne suis plus un bébé, maman !
images de Laurence de Kemmeter

Touche pas à mon papa !
images d'Antonin Louchard

Didier Lévy

Le bisou
images de Gilles Rapaport

La balle
images de Gilles Rapaport

Trop petit, mon ami !
images de Jérôme Ruillier

Le Roi des Ogres et la purée de carottes
images de Anne Wilsdorf

Magdalena

Grand-père grognon
images de Dominique Corbasson

À l'eau, Léo !
images de émilie chollat

Julie Mellon

Change de voix, Lapinou !
images de Olivier Latyk

Geneviève Noël

Quel amour de crocodile !
images de rémi saillard

Tout-Doux le petit loup
images de Christopher Corr

Charlotte la marmotte
images de Anouk Ricard

Thierry Robberecht

La belle nuit de Zaza la vache
images de isabelle jonniaux

Édith Soonckindt

Au Pays des Rois
images de isabelle jonniaux

Natalie Zimmermann

Un prince pour Lilas
images de suppa